CARNETS DE NATURE

LA RUCHE

Léon Rogez

Illustrations de Benoît Charles

MILAN
jeunesse

Comment utiliser ton carnet

Ton carnet a été conçu pour que tu puisses le consulter aisément : grâce à son petit format, tu peux facilement le glisser dans ta poche ou ton sac à dos, et l'avoir ainsi toujours avec toi, aussi bien à la maison que lors de tes expéditions dans la nature pour observer les abeilles.

Ton carnet t'apprend tout ce qu'il faut savoir sur la ruche et les abeilles. Comment se présente une ruche, comment les abeilles y vivent et y travaillent ? Quelle est leur organisation sociale, qu'est-ce qu'une reine, qu'une ouvrière ou un faux bourdon ? Depuis quand l'homme élève-t-il les abeilles ? En quoi consiste le travail de l'apiculteur ?

Des encadrés te donnent des informations complémentaires et des conseils d'observation.

- Le **texte** t'explique, en détail, un travail spécifique de l'abeille ou une étape dans le processus de fabrication du miel.

- Les **dessins** en couleurs te montrent l'abeille en situation, en train de réaliser une tâche spécifique.

Sommaire

Chaque double page te présente une des activités de la ruche, un moment de la vie des abeilles ouvrières ou de la reine. D'autres t'expliquent le travail de l'apiculteur selon les saisons.

- Certains encadrés te proposent des activités simples à réaliser, en relation avec la vie de la ruche ou le travail de l'apiculteur.

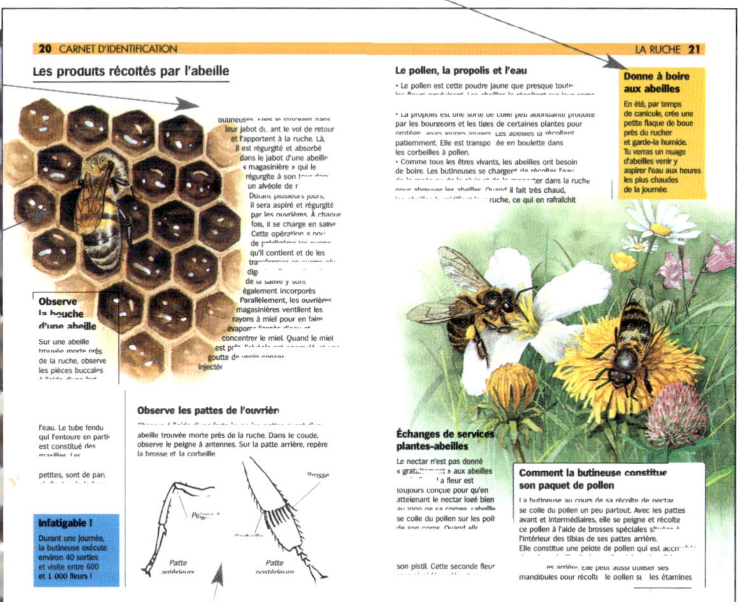

- Des **schémas** en noir et blanc permettent de grossir et de t'expliquer un détail anatomique de l'abeille.

Qu'est-ce qu'une ruche ?

C'est en observant l'organisation naturelle d'une ruche sauvage que les éleveurs d'abeilles nommés « apiculteurs » ont conçu les ruches modernes.
La ruche moderne est une petite maison de bois démontable, à étages, qui permet d'accéder à tous les niveaux de la colonie d'abeilles qui l'habite.

Le fond est une planche qui ferme le dessous de la ruche. Il présente souvent des ouvertures grillagées pour permettre une aération. Il peut être isolé du sol par quatre pieds.

Le toit est au-dessus du couvre-cadre. Il peut être plat ou à 2 pentes selon que la ruche est installée à l'abri de la pluie ou non.

La hausse est l'étage de la ruche. Elle contient les cadres où les abeilles stockent le miel.

Les cadres à miel sont également rangés verticalement et orientés dans la même direction que les cadres du corps. Ils leur ressemblent mais sont moins hauts.

L'apiculteur empile simplement les éléments de la ruche qui ne sont pas fixés. Rapidement, les abeilles vont les coller entre eux à l'aide de la propolis.

La ruche moderne

La ruche moderne permet à l'apiculteur de récolter le miel sans détruire la colonie. Ce qui n'était pas le cas, avant son invention.

La ruche sauvage

Les abeilles acceptent facilement d'installer leur colonie dans la ruche de l'apiculteur, mais elles peuvent aussi se débrouiller seules. Elles bâtissent alors leurs rayons de miel sans cadre dans un arbre creux, une anfractuosité d'un rocher ou d'un vieux mur. Ces rayons sont fixés aux parois par de la propolis.

La planche de vol est située au niveau du fond de la ruche. Elle dépasse de quelques centimètres les parois de la ruche et permet l'envol et l'atterrissage des abeilles butineuses.

Le couvre-cadre est le plafond plat de la ruche.

Le rucher est un ensemble de plusieurs ruches installées les unes près des autres. Les abeilles des différentes colonies ne se trompent jamais : elles savent toujours retrouver leur ruche.

Le corps de la ruche est la caisse contenant les cadres à couvain et à pollen. Des poignées sur les côtés permettent de lever la ruche qui peut peser jusqu'à 100 kg quand elle est pleine de miel.

Les cadres à couvain et à pollen sont rangés verticalement dans le corps de la ruche. Chacun est constitué d'un cadre de bois entourant une feuille de cire tapissée de part et d'autre de loges hexagonales appelées alvéoles. L'ensemble en cire est nommé rayon de cire.

La société des abeilles

Dans la société des abeilles, chaque individu a sa tâche bien définie dans l'espace et le temps.

• La reine est unique et ne supporte pas de rivale. Elle est la seule pondeuse et c'est la mère de toute la colonie. Elle règne sur une population de plusieurs dizaines de milliers d'ouvrières et de quelques dizaines de mâles dont elle commande les réactions par émission de nombreuses phéronomes (voir p. 18) différentes. La reine vit souvent plus de 10 ans, et change de ruche, au moins une fois par an, avec la moitié des ouvrières, lors de l'essaimage afin de donner sa chance à une colonie fille qui reste en place.

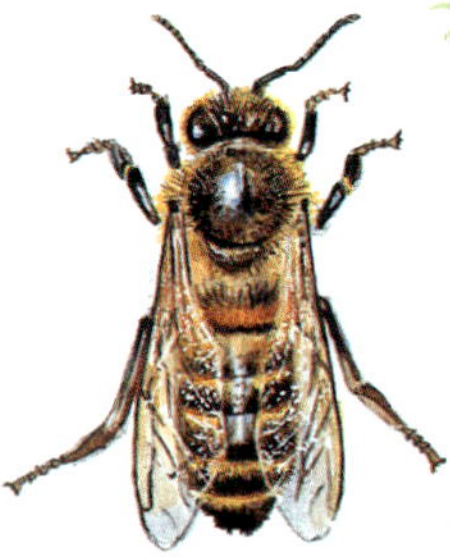

• Les ouvrières sont des reines modifiées, moins grandes et incapables de pondre. Autrement dit : les larves de femelles sont toutes identiques à la base, c'est une différence d'alimentation dans les premiers jours qui fera des larves pondues dans les grands alvéoles les futures reines. Les ouvrières ont une durée de vie limitée à quelques semaines durant lesquelles elles vont successivement réaliser toutes les tâches techniques de la ruche. Au printemps, elles élèvent le couvain et, durant toute la saison, elles constituent les réserves de miel et de pollen qui sont les aliments des adultes et des larves. Elles bâtissent les rayons qui sont les lieux de stockage des réserves et du couvain. Elles défendent la ruche contre les attaques. Toutes finissent leur vie comme butineuses.

• Les mâles n'ont qu'une fonction de reproduction et sont incapables de se nourrir seuls. Ils ne sont « produits » qu'au printemps. Dès que la nouvelle reine a été fécondée par l'un d'entre eux, lors du vol nuptial, ils sont tués ou chassés hors de la ruche, s'ils tentent d'y revenir.

Le but unique de la ruche est de s'agrandir et de donner naissance, chaque année, à au moins une nouvelle colonie. Toutes les abeilles travaillent dans ce sens. L'être vivant est la colonie, chaque individu ne compte pas en tant qu'insecte seul.

Le jabot, un sac de stockage

Le jabot de l'abeille est une poche de transport qui se situe sur l'œsophage, avant l'estomac. L'abeille s'en sert de sac de transport pour le nectar et l'eau.

Portrait d'une abeille

L'abeille est un insecte, elle possède 6 pattes. Son corps est constitué de 3 parties principales et couvert d'une armure articulée.

Le thorax porte les 4 ailes et les 6 pattes.

Le peigne à antennes est une encoche dans le coude de la patte antérieure dans laquelle l'abeille engage son antenne pour la dépoussiérer.

L'abdomen est terminé par un aiguillon barbelé et rétractile, le dard, relié à une glande à venin. Le dard est bien adapté pour percer la carapace d'insectes ennemis comme la guêpe ou le frelon. Mais quand une abeille te pique, ta peau élastique ne laisse plus ressortir le dard, si bien que l'abeille est obligée de se l'arracher en s'envolant. Elle en mourra quelques instants plus tard !

La tête porte de gros yeux à facettes, 3 yeux simples ou ocelles sur le front, une paire d'antennes coudées très sensibles, une bouche entourée de pièces buccales spécialisées : c'est-à-dire que chaque partie de la bouche sert à l'abeille dans ses différents travaux.

Les antennes sont tapissées de cellules sensorielles relatives au toucher, à l'odorat et au goût.

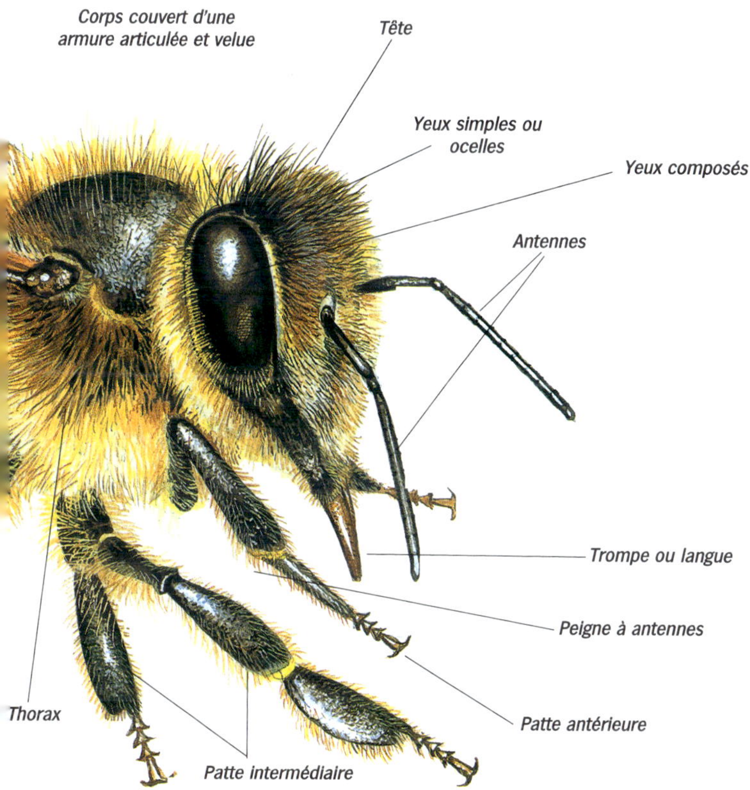

Observe les ailes de l'abeille à la loupe

Si tu trouves une abeille morte, retire-lui délicatement ses ailes pour les observer. Les abeilles ont des ailes petites par rapport à leur corps. Leurs nervures sont peu nombreuses mais efficaces pour sous-tendre les ailes.
À l'aide d'une loupe, compare les nervures nombreuses des grandes ailes d'une libellule et celles des ailes d'une abeille. Chez l'abeille, les ailes antérieures et postérieures sont attachées entre elles lors du vol par des crochets.

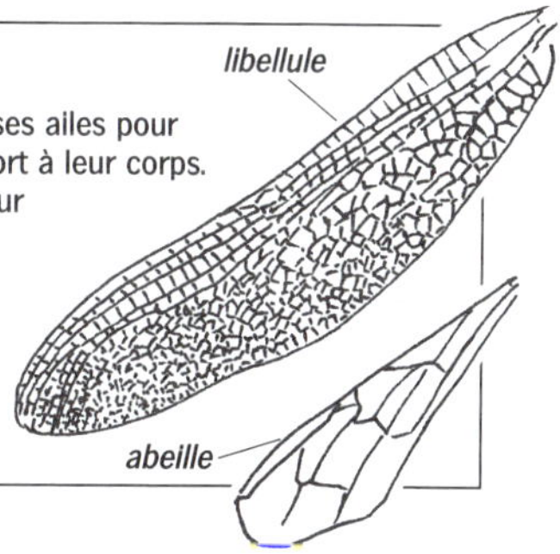

Le développement de l'ouvrière

Le jeune de l'abeille est une larve. Il ne ressemble pas du tout à l'adulte. L'abeille passe par 4 stades différents au cours de sa vie : l'œuf, la larve, la nymphe et l'adulte. Le développement complet d'une ouvrière dure 20 jours et provient d'un œuf fécondé, pondu par la reine.

Enregistre l'activité de la ruche

Aidé d'un apiculteur, et à l'aide d'un microphone placé contre la paroi de la ruche, enregistre une fois par mois le bourdonnement émis par une même ruche. Choisis pour cela des jours où il ne fait pas de vent. Au bout de quelques mois, réécoute la bande. Plus la ruche est peuplée et active, plus le bourdonnement est fort.

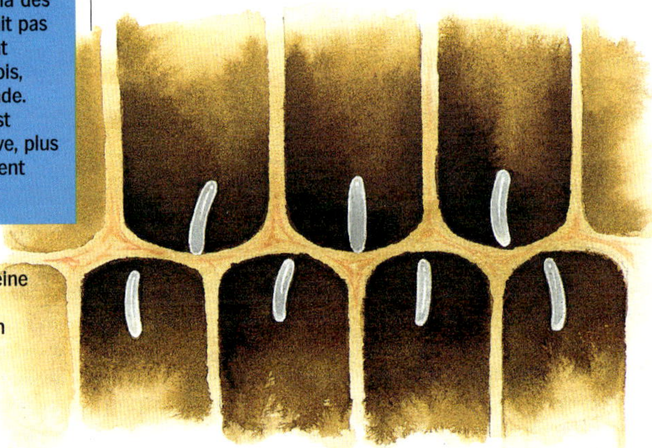

❶ Un jour, la reine pond un œuf fécondé dans un alvéole normal. L'œuf mesure 1 millimètre, est très allongé et tout blanc.

❷ Au bout de 3 jours, il en sort un petit asticot blanc que les ouvrières s'empressent de nourrir. Il mange une bouillie de miel et de pollen. Pendant les trois premiers jours de sa vie, il recevra aussi de la gelée royale, sécrétée par une glande de la tête des ouvrières.

❸ En 8 jours, la larve d'ouvrière atteint sa taille maximale. Pour cela, elle a changé 2 fois de peau. Son corps boudiné remplit complètement l'alvéole. Elle sécrète un fil de soie dont elle tisse un cocon qui tapisse et ferme son alvéole avant de s'y transformer en nymphe. Les autres ouvrières operculent son alvéole à l'aide de cire le temps de la métamorphose.

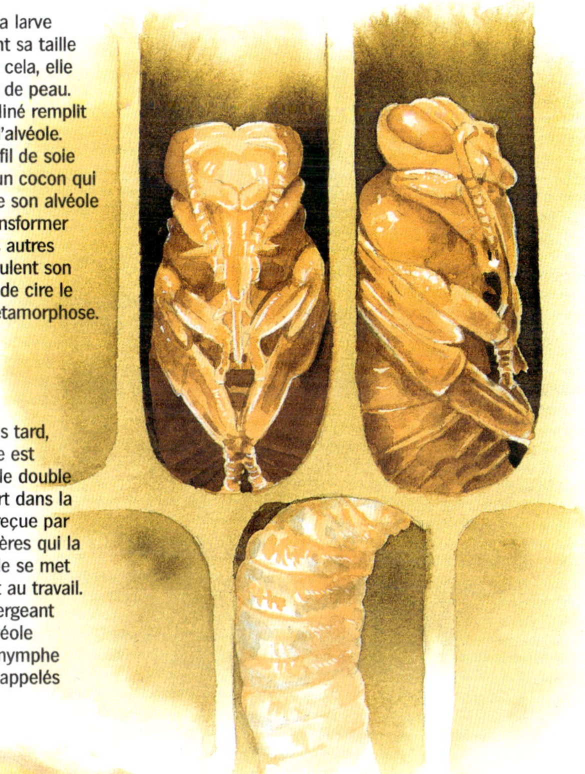

❹ 12 jours plus tard, l'ouvrière qu'elle est devenue perce le double couvercle et sort dans la ruche. Elle est reçue par les autres ouvrières qui la lèchent. Puis elle se met immédiatement au travail. L'abeille en émergeant laisse dans l'alvéole l'exuvie* de sa nymphe et des déchets appelés méconium.

Le cocon de soie des abeilles

Comme beaucoup d'insectes, les abeilles sont capables de sécréter de la soie à un moment donné de leur vie. Seule la larve sait le faire. La soie sort par une glande située près de sa bouche. C'est un liquide qui durcit au contact de l'air et donne un fil collant.

Ouvrière polyvalente

Les guêpes, les frelons, les termites sont des insectes sociaux qui vivent en colonies organisées comme les abeilles. Cependant, l'abeille ouvrière est la seule à réaliser dans sa vie tous les métiers de la colonie. Chez les autres insectes sociaux, les tâches sont plus ou moins réparties entre les individus de différentes castes de tailles et de formes adaptées : les soldats, les nourrisseurs, les bâtisseurs, etc.

guêpe

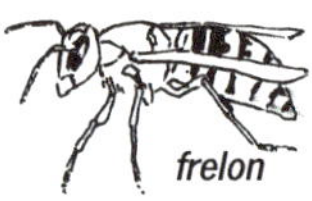

frelon

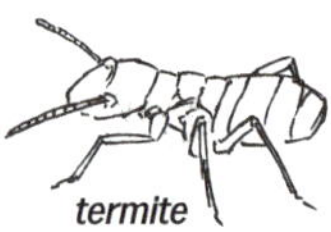

termite

abeille ouvrière

La vie d'une ouvrière

Sitôt éclose, l'ouvrière s'intègre dans le travail de la ruche. En fonction de son âge, elle va réaliser toute une série de tâches qui vont l'amener petit à petit à s'approcher de la sortie, puis à travailler hors de la ruche.

La vie cachée de l'abeille ouvrière

Sa première tâche sera de nettoyer les alvéoles qui ont servi à l'élevage pour qu'ils puissent rapidement resservir.
Au bout de 3 jours, elle devient nourrice pour une dizaine de jours et s'occupe des larves. C'est à cette période que sa glande à gelée royale fonctionne.
Ensuite, au bout de 13 jours, elle devient bâtisseuse. Des glandes à cire, les cirières, se sont activées sous son abdomen, et elle utilise cette cire pour construire les rayons.

Sa tâche suivante consiste à recevoir le pollen et le nectar rapportés par les butineuses et à les stocker dans les alvéoles. Elle s'occupe aussi de transformer le nectar en miel.
Ces différents métiers, de quelques jours chacun, occupent l'ouvrière durant les 17 premiers jours de sa vie et se déroulent dans l'obscurité totale de la ruche.

Enfin le soleil !

L'ouvrière de 18 jours découvre enfin le soleil et devient gardienne. Son travail consiste à se tenir sur la planche de vol, questionnant de ses antennes chaque abeille entrant sur son identité. En caressant les antennes des autres ouvrières, elle reconnaît leur odeur qui est celle de la colonie. En présence d'un intrus, elle donne l'alerte et l'attaque immédiatement au mépris de sa propre vie.

Une ouvrière adulte vit 5 semaines. Pendant les 15 derniers jours, elle vole d'abord autour de la ruche pour apprendre à bien se repérer puis elle devient butineuse. Elle effectuera chaque jour des dizaines d'allers-retours représentant des dizaines de kilomètres entre sa ruche et les champs de fleurs, les vergers et les bois afin d'y recueillir pollen, nectar et propolis.

La durée de vie totale d'une ouvrière est d'environ 55 jours : 20 jours (développement) + 35 jours (vie adulte). En hiver, cela peut durer beaucoup plus longtemps, car toute la ruche vit au ralenti.

Apprends à reconnaître les plantes mellifères

Il y a beaucoup de plantes à nectar. Les principales sont celles des arbres fruitiers, des robiniers, du colza, des trèfles, des lavandes, des châtaigniers, des tournesols et des bruyères. Apprends à les reconnaître avec l'aide d'un adulte et poste-toi près de l'une d'elles : tu es sûr d'y voir bientôt une abeille butiner.

lavande

tournesol

chataîgnier

La fin des butineuses

Un jour, au cours d'une tournée, l'abeille fatiguée, aux ailes déchiquetées, ne verra pas la toile d'araignée, le bec du guêpier ou le pare-brise de l'automobile et terminera sa vie en mission !

Les mâles ou faux bourdons

Parallèlement, la colonie élève plusieurs dizaines de mâles ou faux bourdons, issus d'ovules non fécondés. Ils sont d'une taille intermédiaire entre celle de la reine et celle des ouvrières. Les mâles ont une petite tête, avec de gros yeux, et sont incapables de se nourrir seuls, même adultes. Le développement complet d'un faux bourdon dure 24 jours. Dans la ruche, les mâles ont uniquement un rôle de reproduction. Leur durée de vie est de quelques semaines, jusqu'au vol nuptial.

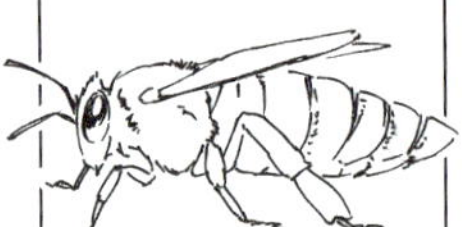

reine

ouvrière

faux-bourdon

Le développement d'une reine

Au printemps, la reine pond quelques œufs fécondés par les mâles. Ils sont pondus dans des alvéoles plus grands destinés à l'élevage des reines. Le développement complet d'une reine ne dure que 16 jours.

L'œuf donne naissance en 3 jours à une petite larve blanche identique à celle de l'ouvrière. Contrairement aux larves d'ouvrières, elle ne sera nourrie que de gelée royale durant toute sa vie de larve. C'est donc la gelée royale qui fait la différence entre ouvrière et reine.
À cause de cette fonction étonnante, on lui attribue beaucoup de vertus bienfaisantes pour la santé.

Après 8 jours de croissance et 2 mues, la larve de reine se transformera en nymphe. La reine n'éclora qu'au bout de 7 jours et demi de métamorphose.
La colonie n'élève que quelques reines à la fois, 1 ou 2 fois dans la belle saison. Dès que la première émerge, elle s'empresse de tuer ses rivales encore dans leur cocon. L'ancienne reine est partie avec un essaim quelques jours auparavant, la nouvelle reine se retrouve seule à gouverner la ruche.

L'aiguillon à venin

La reine ne peut pas piquer puisqu'elle porte, à la place du dard, un organe de ponte. Les ouvrières sont des femelles elles aussi, chez qui, à l'inverse, l'organe de ponte est modifié en dard venimeux. Les mâles ne possèdent pas de dard.

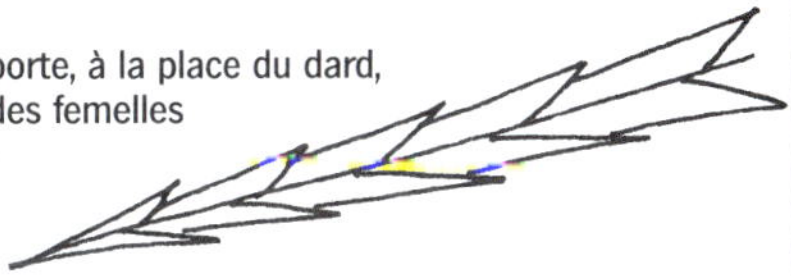

Quelque temps plus tard, elle en sort en compagnie d'un nuage de mâles, et est fécondée par l'un d'entre eux lors du vol nuptial.
La reine n'effectue que 2 ou 3 vols nuptiaux durant ses 10 ans de vie. Les spermatozoïdes qu'elle reçoit sont stockés vivants, pour plusieurs années, dans une poche spéciale : la spermathèque.

Fécondation ou non : le choix du sexe

La reine pond des œufs (c'est-à-dire des ovules fécondés) ou bien des ovules non fécondés. Elle commande la sortie des spermatozoïdes de sa spermathèque lors de la ponte. Les femelles (ouvrières ou reines) sont issues d'œufs fécondés lors de la ponte ; les faux bourdons, c'est-à-dire les mâles, sont issus d'ovules non fécondés. Cette possibilité de développement d'ovules non fécondés est rare dans le monde animal. Elle s'appelle la parthénogenèse.

L'essaimage

Au cours du printemps, suite à l'élevage de nombreuses ouvrières, la colonie d'abeilles devient très importante. L'élevage de plusieurs jeunes reines est en cours, l'ancienne reine se décide à partir avec la moitié des ouvrières : un essaimage se prépare.

❶ Peu avant l'essaimage, un beau jour de mai, les ouvrières qui vont partir avec la reine gorgent leur jabot de miel. Ce sera les premières réserves de la nouvelle ruche. La moitié des ouvrières et la reine se rassemblent sur la planche de vol et l'ensemble pend au dehors, faisant « la barbe ». La reine sécrète une substance qui attire à elle toutes les ouvrières de l'essaim comme un aimant.

❷ Bientôt, toutes s'envolent en un nuage vivant et bourdonnant très impressionnant. L'essaim s'éloigne de quelques centaines de mètres.

❸ Quand la reine se pose sur une branche, les milliers d'ouvrières s'agglutinent dessus en grappe d'abeilles.

❹ Quelques exploratrices sont allées reconnaître les environs et ont repéré un arbre creux. Si, à ce moment, l'apiculteur qui surveille à distance n'intervient pas rapidement pour le récupérer, l'essaim décollera et s'y installera bientôt.
Si la colonie est très prospère, il peut y avoir 2 ou 3 essaimages dans la même année.

Récupérer un essaim

En essaim, les abeilles, toutes gorgées de miel, sont incapables d'agressivité et se laissent manipuler par l'apiculteur.
S'il ne s'est pas posé trop haut, il est facile pour l'apiculteur de récupérer l'essaim dans un sac ou une caisse et de le conduire au rucher, dans une ruche vide. Là, il fait entrer la reine, et toutes les ouvrières suivent en une demi-heure !

Le langage des abeilles

Les abeilles disposent de plusieurs moyens de communication assez sophistiqués, dont les phéromones et la « danse des abeilles ».

Les phéromones

La reine ordonne les grandes évolutions de la colonie en communiquant les nécessités au reste de la colonie grâce à l'émission de substances très ténues appelées phéromones. Il en existe des centaines correspondant à de nombreux messages : « il faut récolter du nectar », « il faut bâtir des alvéoles d'élevage », « il ne faut plus de mâles pour cette saison », « rassemblons-nous pour un essaimage », etc. Les ouvrières utilisent également entre elles des phéromones de communication : « j'ai besoin d'un coup de main pour bâtir ce rayon », « voici du nectar à ranger où tu sais », « alerte à l'intrus », etc.

Les « danses codées »

L'Autrichien Karl von Frisch (1886-1982) a « traduit » la danse des abeilles qui correspond à l'indication d'une nouvelle source de nectar. Quand une abeille exploratrice a trouvé un champ de fleurs nouveau, elle rentre à la ruche et se met à danser sur un rayon au milieu d'autres ouvrières. Elle décrit des cercles puis des diamètres de ces cercles orientés toujours dans la même direction. En parcourant ces diamètres, elle se secoue plus ou moins vite. La danse est d'autant plus rapide que la nourriture est éloignée. Le diamètre est écarté de la verticale du même angle que celui que fait la direction du soleil avec celle du champ.

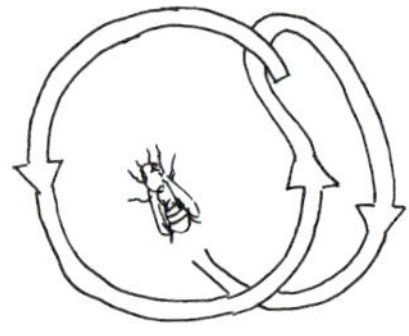

Démontre que les abeilles « se parlent »

❶ Découpe, dans différents papiers de couleurs vives, de grandes fleurs de 15 cm de diamètre.

❷ Au centre de l'une d'elles, installe une petite soucoupe contenant une cuillerée d'eau très sucrée. Place le tout au soleil. Bientôt, la première abeille arrive, se gorge le jabot et repart.

❸ Au bout de quelques minutes, d'autres viendront qui trouveront le sucre.

❹ Retire la soucoupe d'eau et rentre-la à la maison. Tu verras que les abeilles qui arrivent cherchent au centre de la fleur qui a contenu la soucoupe. Elles la reconnaissent à sa couleur qui leur a été indiquée par les premières ! Tu peux même déplacer un peu la fleur, tu verras que des abeilles y viendront quand même. Il est donc prouvé que la ou les premières abeilles ont communiqué aux autres la couleur de la fleur, mais hélas ! on ne sait toujours pas précisément comment elles transmettent cette information-là.

Les produits récoltés par l'abeille

Du nectar au miel

Le nectar est aspiré par les ouvrières butineuses. Elles le stockent dans leur jabot durant le vol de retour et l'apportent à la ruche. Là, il est régurgité et absorbé dans le jabot d'une abeille « magasinière » qui le régurgite à son tour dans un alvéole de rayon de miel. Durant plusieurs jours, il sera aspiré et régurgité par les ouvrières. À chaque fois, il se charge en salive. Cette opération a pour but de prédigérer les sucres qu'il contient et de les transformer en sucres plus digestes. Des antiseptiques de la salive y sont également incorporés. Parallèlement, les ouvrières magasinières ventilent les rayons à miel pour en faire évaporer l'excès d'eau et concentrer le miel. Quand le miel est prêt, l'alvéole est operculé, et une goutte de venin conservatrice y est injectée.

Observe la bouche d'une abeille

Sur une abeille trouvée morte près de la ruche, observe les pièces buccales à l'aide d'une forte loupe. Au centre, tu vois la langue ou glosse. C'est elle qui aspire le nectar et l'eau. Le tube fendu qui l'entoure en partie est constitué des maxilles. Les mandibules, toutes petites, sont de part et d'autre de la base des maxilles.

Infatigable !

Durant une journée, la butineuse exécute environ 40 sorties et visite entre 600 et 1 000 fleurs !

Observe les pattes de l'ouvrière

Observe à l'aide d'une forte loupe les pattes avant d'une abeille trouvée morte près de la ruche. Dans le coude, observe le peigne à antennes. Sur la patte arrière, repère la brosse et la corbeille.

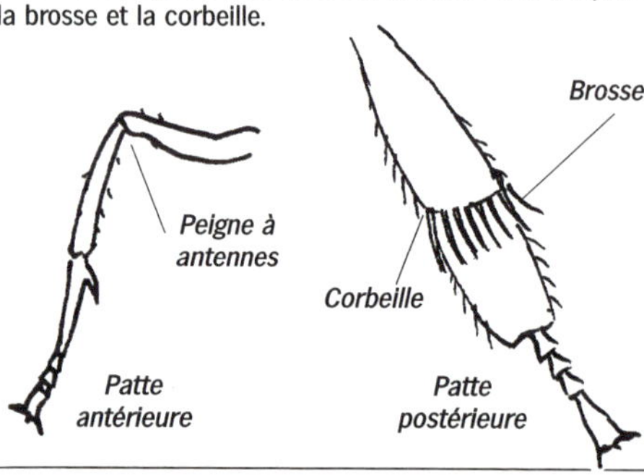

Le pollen, la propolis et l'eau

- Le pollen est cette poudre jaune que presque toutes les fleurs produisent. Les abeilles le récoltent sur leur corps pendant qu'clles butinent.
- La propolis est une sorte de colle peu abondante produite par les bourgeons et les tiges de certaines plantes pour protéger leurs jeunes feuilles. Les abeilles la récoltent patiemment. Elle est transportée en boulette dans les corbeilles à pollen.
- Comme tous les êtres vivants, les abeilles ont besoin de boire. Les butineuses se chargent de récolter l'eau de la rosée ou de la pluie et de la rapporter dans la ruche pour abreuver les abeilles. Quand il fait très chaud, les abeilles humidifient leur ruche, ce qui en rafraîchit l'atmosphère.

Donne à boire aux abeilles

En été, par temps de caniculc, crée une petite flaque de boue près du rucher et garde-la humide. Tu verras un nuage d'abeilles venir y aspirer l'eau aux heures les plus chaudes de la journée.

Échanges de services plantes-abeilles

Le nectar n'est pas donné « gratuitement » aux abeilles par la fleur. La fleur est toujours conçue pour qu'en atteignant le nectar logé bien au fond de sa corolle, l'abeille se colle du pollen sur les poils de son corps. Quand elle visitera une seconde fleur identique, elle collera involontairement du pollen sur son pistil. Cette seconde fleur sera ainsi fécondée et ses graines se développeront.

Comment la butineuse constitue son paquet de pollen

La butineuse au cours de sa récolte de nectar se colle du pollen un peu partout. Avec les pattes avant et intermédiaires, elle se peigne et récolte ce pollen à l'aide de brosses spéciales situées à l'intérieur des tibias de ses pattes arrière.
Elle constitue une pelote de pollen qui est accrochée dans la corbeille située sur l'extérieur des tibias des pattes arrière. Elle peut aussi utiliser ses mandibules pour récolter le pollen sur les étamines.

Un rayon de cire

Le rayon de cire est une feuille de cire garnie de part et d'autre d'alvéoles. Il est toujours vertical. À l'exception des alvéoles d'élevage des larves de reines et des mâles, les alvéoles sont tous identiques et sont toujours légèrement orientés vers le haut. Ils ont la longueur d'une abeille ouvrière et son diamètre. Les alvéoles servent à tout ranger dans la ruche. Les abeilles y stockent leurs réserves de miel et de pollen, la reine y pond ses œufs, les larves y grandissent et s'y métamorphosent. Ces divers usages sont répartis géographiquement dans la ruche.

Ainsi, les alvéoles à miel sont situés dans la partie haute de la ruche. Juste au-dessous, on trouve une zone à alvéoles à pollen. Puis vient le couvain, œufs et larves de tous âges. Sur un côté de rayon sont élevés les mâles. Enfin, tout en bas, se trouvent les alvéoles d'élevage un peu plus grands des futures reines. Quand un alvéole à miel ou pollen est rempli, il est fermé par une pellicule de cire appelée un opercule.

Bâtir un rayon de cire

En malaxant la cire dans leurs mandibules, les ouvrières en font une pâte qu'elles mettent en forme pour construire les parois des alvéoles. Pour trouver la verticalité du rayon, certaines se suspendent entre elles par les pattes tel un fil à plomb. Les autres se servent de ce support vivant pour bâtir. Dans la ruche moderne, l'apiculteur fournit une feuille de cire gaufrée tendue sur le cadre. Les abeilles n'ont plus qu'à façonner les alvéoles.

Goûte un rayon de cire

Quand on mâche un morceau de rayon à miel, les alvéoles operculés craquent sous la dent et libèrent leur bon miel. La cire se met en pâte, comme un chewing-gum. Hum, quel délice !

Parasites et squatters

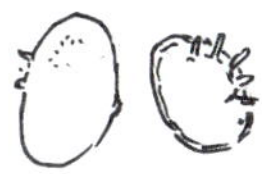

• Le varroa est un minuscule acarien ennemi des ruches. Il vit en parasite sur les larves d'abeilles qu'il pique. Ses piqûres perturbent le développement des abeilles. Elles émergent alors avec des malformations, pattes ou ailes atrophiées ou manquantes, et ne peuvent être utiles à la ruche.

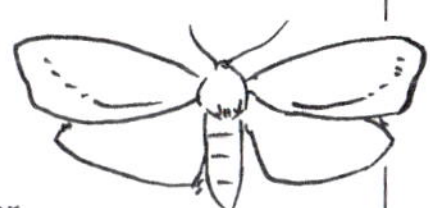

• La teigne est un papillon de nuit. Elle ne s'attaque pas aux abeilles, mais sa chenille mange la cire. Elle peut ainsi miner les rayons d'une ruche et perturber gravement son développement.

Prédateurs

• Les ruches peuvent aussi être attaquées par des pillards organisés. Les guêpes et les frelons s'attaquent parfois aux colonies d'abeilles qu'elles exterminent. Elles emportent le miel et les larves pour se nourrir.

• Le sphinx à tête de mort est un gros papillon de nuit qui entre dans les ruches pour se nourrir de miel. Sa trompe courte et pointue perce les opercules. Son duvet dense et sa carapace d'insecte le protègent des piqûres d'abeilles. Il ne constitue pas un grand danger pour la ruche, mais il s'y perd parfois, et on le retrouve mort ; les abeilles qui ne peuvent l'évacuer le couvrent de propolis.

• Les petits rongeurs s'aventurent aussi parfois dans les ruches pour piller le pollen et le miel. Ils sont alors tués par les abeilles.

• Les ours aussi adorent le miel. Leur fourrure les rend insensibles aux piqûres. Ils détruisent totalement la ruche pour en dévorer les rayons à miel.

Le costume de l'apiculteur

Avant d'ouvrir une ruche, l'apiculteur s'habille afin de se prémunir contre les piqûres de ses pensionnaires. Il enfile une combinaison ample, de couleur claire pour bien voir les abeilles qui se posent dessus. Le costume est resserré aux chevilles et aux manches. Il comporte une paire de gants, une paire de bottes et une capuche fermée devant par un large grillage fin et souple. Malgré ces protections, des abeilles arrivent à se faufiler sous le costume et à piquer. Les apiculteurs sont habitués aux piqûres d'abeilles. Certains ne portent que la capuche pour protéger leur visage.

L'apiculteur à la belle saison

L'apiculteur élève et soigne les abeilles dans les ruches. Il les visite et les ouvre toutes, au moins 15 fois pas an, et connaît très bien chacune de ses colonies d'abeilles. Pour pouvoir prélever du miel dans une ruche, il faut que la colonie soit prospère et en bonne santé afin qu'elle puisse rapidement reconstituer ses réserves. Une fois le miel prélevé par l'apiculteur, les abeilles se remettent au travail pour constituer à nouveau leur propre récolte.

À la fin de l'hiver, l'apiculteur ouvre et inspecte chaque ruche. Il vérifie que les réserves de miel ont été suffisantes, que la reine est en bonne santé, que les bâtisseuses ont préparé les rayons pour élever les premières larves de la saison et qu'il n'y a pas de parasites. Il les rouvrira quelques semaines plus tard afin d'y ajouter les hausses à miel, qui permettront les récoltes de l'année.

Durant la belle saison, il charge régulièrement ses ruches sur un camion et les emporte dans une autre région. Il choisit pour cela des destinations où des plantes à nectar sont abondamment fleuries. Il peut aussi emporter ses ruches dans un verger à la demande d'un agriculteur afin de féconder ses fleurs.

C'est la transhumance. Il peut ainsi parcourir plusieurs centaines de kilomètres pour déplacer ses ruches. Il voyage toujours la nuit car les abeilles ne quittent jamais la ruche dans l'obscurité. Dans leur nouvelle région, les abeilles prennent immédiatement leurs nouveaux repères, et se mettent au travail. Entre chaque transhumance, il ouvre ses ruches, change les hausses et récolte le miel.

Il peut ainsi réaliser plusieurs récoltes successives de miels différents au cours de l'année : miel d'acacia au printemps, miel de tournesol en juillet, miel de bruyère en août. Ces miels possèdent des goûts différents.

L'apiculture et l'Antiquité

L'abeille est un insecte élevé par l'homme depuis des millénaires. On a retrouvé des descriptions de soins de ruches et d'extraction de miel sur des bas-reliefs égyptiens de 2400 ans avant J.-C. et sur des pierres gravées en Espagne 800 ans avant J.-C.

Avant la culture des plantes à sucre, comme la canne à sucre ou la betterave sucrière, le miel était la seule source de sucre de cuisine.

L'apiculteur à la mauvaise saison

À l'approche de la mauvaise saison, l'apiculteur inspecte une dernière fois toutes ses ruches. Il retire les hausses à miel, vérifie le niveau des réserves et prévoit pour certaines de les alimenter en miel au cours de l'hiver s'il fait très froid. Il traite contre le varroa si nécessaire.

Durant l'hiver, les ruches sont calmes. Les abeilles ne sortent que quand la température extérieure est supérieure à 8 °C. L'apiculteur en profite pour préparer les nouvelles ruches de la saison à venir. Il fabrique des cadres, nettoie et entretient ses locaux et ses outils, réorganise son rucher qui va s'agrandir avec les essaims de l'année suivante.

L'hiver est aussi la saison où l'apiculteur fait ses comptes de l'année passée et prépare les achats nécessaires à son activité l'année suivante. Il achète des pots pour le miel, des boîtes pour y mettre les bonbons au miel qu'il va fabriquer, des mèches pour les bougies en cire d'abeille, etc.

Le matériel de l'apiculteur

Différents outils sont nécessaires à l'apiculteur pour pratiquer son métier.

Pour couper la propolis qui colle les éléments de ruche entre eux et les séparer, l'apiculteur utilise un couteau.

L'enfumoir est une boîte métallique qui comporte un soufflet latéral. Quand on doit ouvrir une ruche, on fait brûler une touffe d'herbe sèche dans l'enfumoir. À l'aide du soufflet, on envoie de la fumée âcre alentour et sur les ouvertures de la ruche. L'odeur du feu inquiète les abeilles qui craignent l'incendie. Elles se gorgent alors de miel, comme si elles allaient évacuer la ruche, et ne pensent pas à piquer.

Une brosse longue et fine sert à balayer les abeilles restées sur un rayon de miel que l'on va extraire.

Le couteau à désoperculer est une grande lame qui sert à ouvrir, d'un coup, sur un des côtés du cadre, tous les alvéoles contenant le miel à récolter.

Comment installer une ruche

Pour installer une ruche, il faut d'abord obtenir l'autorisation et connaître les normes légales d'installation en vigueur dans le département. Il est parfois possible d'installer une ruche dans un simple jardin, s'il est, par exemple, entouré d'une haie vive (arbres et arbustes) d'au moins 2 m de haut. L'orientation de la ruche est aussi un point important. Mieux vaut l'orienter vers l'est, afin que les abeilles reçoivent le soleil dès le matin. Elles seront ainsi réveillées plus tôt par la chaleur du soleil et travailleront plus longtemps chaque jour. De plus, l'entrée sera à l'abri du vent et de la pluie d'ouest.

La récolte et la préparation

Pour récolter le miel, l'apiculteur utilise un extracteur. C'est une centrifugeuse dans laquelle les cadres désoperculés sont rangés verticalement. En tournant, le miel en est expulsé et coule dans un tamis qui le filtre pour éliminer les particules de cire.
Suite à l'extraction, les cadres vides sont exposés au soleil où de nombreuses abeilles viennent les nettoyer des restes de miel éventuels. Ensuite, ils sont démontés, et la cire est fondue dans des moules pour en faire divers objets dont des bougies.
En plaçant une grille à pollen à l'entrée de la ruche, l'apiculteur oblige les butineuses à passer par des fentes étroites. En passant, les boulettes de pollen fixées sur les pattes arrière sont détachées et tombent dans un réservoir. L'apiculteur n'a plus qu'à vider le réservoir chaque soir. Bien sûr, il ne laisse la grille à pollen que quelques jours par mois afin de ne pas priver les larves de leur nourriture principale.

Récolte le miel sur un rayon

Le cadre des ruches est large comme 2 fois la profondeur d'un alvéole. De part et d'autre, donc, ne dépassent de l'épaisseur du cadre que les opercules. Accompagné d'un adulte, fais glisser le couteau à désoperculer sur le rayon en le guidant sur le bord du cadre. Seuls les opercules sont coupés, et le miel apparaît onctueux et brillant dans les alvéoles pleins.

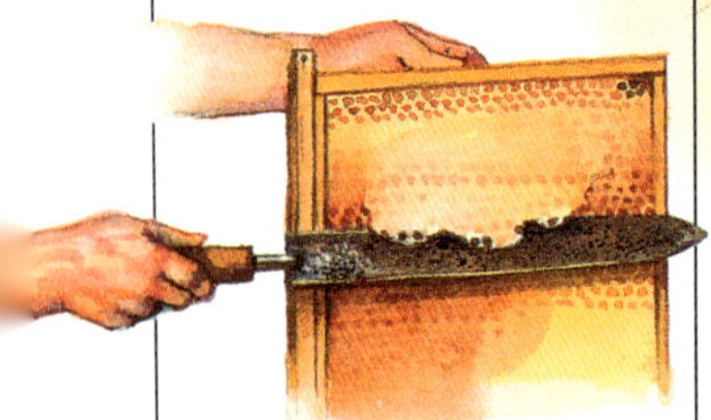

Gelée royale

La gelée royale est très délicate à récolter. Il faut être attentif à l'élevage des larves et récupérer une à une les gouttelettes de gelée qui leur sont distribuées lors de leurs premiers jours de croissance. Les ouvrières qui sont là et veillent au bon développement des larves compensent cette perte par une nouvelle distribution. La gelée royale est un produit précieux et cher.

Bougie en cire d'abeille

Bonbons au miel

Index

Activités et identification, la nature est pleine d'idées, et tes carnets pleins d'inventions.

Dans la même collection

300, rue Léon-Joulin, 31101 Toulouse Cedex 9, France.

Loi 49.956 du 16.07.1949
ISBN : 978.2.7459.2439.1
Dépôt légal : 1er trimestre 2007
Imprimé en Italie par Canale